江戸の町へタイムワープ

マンガ：大富寺 航／ストーリー：チーム・ガリレオ／監修：河合 敦

はじめに

江戸時代は平和な世の中が続き、庶民が経済力をつけたことで、初めて町人中心の文化が生まれました。今回のマンガは、江戸時代の文化や庶民の暮らしがテーマです。

江戸時代の文化について、学校の授業では、江戸時代初期に生まれた歌舞伎や、当時の世の中や人々を描いた浮世絵が人気になったこと、蘭学や国学といった新しい学問が広まったことなどについて学習します。

マンガでは、時空泥棒ゴエモンと時空警察の争いに巻き込まれて江戸時代にタイムワープしたリンとトキオのふたりが、江戸の町に暮らす人々と触れ合いながら、ゴエモンを捕まえるために大騒動を起こします。リンやトキオと一緒に、江戸時代の人々の文化を知る旅に出ましょう！

監修者　河合　敦

今回のタイムワープの舞台は…？

年代	時代区分	時代	できごと
4万年前	先史時代	旧石器時代	日本人の祖先が住み着く
2万年前			土器を作り始める
1万年前		縄文時代	貝塚が作られる
2000年前		弥生時代	米作りが伝わる
1500年前	古代	古墳時代／飛鳥時代	大和朝廷が生まれる
1400年前			
1300年前		奈良時代	平城京が都になる
1200年前			平安京が都になる
1100年前		平安時代	華やかな貴族の時代
1000年前			
900年前			
800年前	中世	鎌倉時代	モンゴル（元）軍が2度攻めてくる
700年前			室町幕府が開かれる
600年前		室町時代	金閣や銀閣がつくられる
500年前			
400年前	近世	安土桃山時代	江戸幕府が開かれる
300年前		江戸時代	
200年前			
100年前	近代	明治時代	明治維新
		大正時代	大正デモクラシー
50年前	現代	昭和時代	太平洋戦争 / 高度経済成長
		平成時代	
		令和時代	

ココ!! （江戸時代）

- 米作りが広まる
- 巨大なお墓（古墳）がつくられる
- 奈良の大仏がつくられる
- 鎌倉幕府が開かれる（武士の時代の始まり）
- 戦国時代
- 町人文化が盛んになる
- 文明開化
- 現代

もくじ

1章 名画を盗む大泥棒!? 8ページ
2章 江戸時代にタイムワープ!? 24ページ
3章 江戸の町で大捜索! 44ページ
4章 科学も芸術も源内にお任せ! 60ページ
5章 ゴエモンを追え!! 76ページ
6章 売れっ子絵師!? 葛飾北斎 90ページ
7章 トキオが浮世絵の師匠!? 106ページ

歴史なるほどメモ

8章 自分の力でお金をかせげ！ 122ページ

9章 ゴエモンが泥棒をやめた!? 138ページ

10章 江戸の火事を消火せよ!! 158ページ

1 "江戸の町"ってどんな町？ 22ページ

2 身分で違った暮らしぶり 42ページ

3 江戸の町のトップは"町奉行" 58ページ

4 江戸時代に花開いた町人文化 74ページ

5 西洋から学べ！蘭学の発展 88ページ

6 江戸の時間とちょんまげのひみつ 104ページ

7 花のお江戸は大にぎわい！ 120ページ

8 世界に影響を与えた日本の浮世絵 136ページ

9 江戸の名物!? 火事と歌舞伎 156ページ

10 江戸の3大改革って？ 172ページ

教えて!! 河合先生 江戸の町 おまけ話

1 江戸の町ヒトコマ博物館 174ページ

2 江戸の町ビックリ報告 176ページ

3 江戸の町ニンゲンファイル 178ページ

4 江戸の町ウンチクこぼれ話 180ページ

登場人物

リン

トキオとは幼なじみ。
思い立ったらすぐ行動する
とても積極的な女の子。
みんなを引っぱっていくタイプ。

トキオ

特技は絵を描くこと。
ちょっとおとなしい男の子。
自分の興味のあることにだけは
積極的になれるオタクタイプ。

ハヤタ

ゴエモンを
追っている
時空警察官。

杉田玄白(すぎたげんぱく)

江戸の町(えどのまち)で
リンとトキオ、ハヤタを
助(たす)ける。
じつはとても有名(ゆうめい)な医者(いしゃ)。

葛飾北斎(かつしかほくさい)

見(み)た目(め)はへんだが
トキオが憧(あこが)れる天才絵師(てんさいえし)。
作品(さくひん)が、ゴエモンのターゲットに
されて……。

平賀源内(ひらがげんない)

発明家(はつめいか)で科学者(かがくしゃ)で
江戸(えど)の町(まち)の大天才(だいてんさい)だというが
なんか軽(かる)いノリ。

ゴエモン

時空(じくう)を超(こ)えて
名画(めいが)を盗(ぬす)んでまわる、
自称(じしょう)、大泥棒(おおどろぼう)。
北斎(ほくさい)の絵(え)に狙(ねら)いをさだめる。

TIME WARP memo
歴史なるほどメモ①

江戸の町ってどんな町？

① 徳川家康が町づくりを行った！

江戸の町は、江戸幕府の初代将軍・徳川家康が開発を進めたことで、どんどん発達していきました。家康が江戸に入ったのは、1590（天正18）年のことです。その頃の江戸の町は、寺社や町、港があり、にぎわっていたものの、江戸城は小さく、都市としてもまだそれほど発達していませんでした。

江戸の町の発達。江戸城を中心に郊外へと開発が進んでいった

- 1596年頃
- 1615年頃
- 1644年頃

町がどんどん外側に広がっていったことがわかるね

② 人口100万！世界一の大都市に！

家康は、まず水運を整備して、江戸城を拡大し、輸送路をつくりました。また、海を埋め立てて、まわりにはけらいの家を配置するなど、都市の防衛を考えながら江戸の町づくりを行いました。

その後、「将軍様のおひざ元」として江戸の町はさらに発達し、18世紀はじめの人口は100万人と、当時世界一の大都市だったといわれます。

江戸時代のキーパーソン 1
江戸幕府を立て直した将軍
徳川吉宗

★生没年 1684〜1751年

江戸幕府の8代将軍。財政難で苦しんでいた幕府を立て直すために、「享保の改革」を行った。この改革によって幕府の財政は立ち直り、その後も手本とされた（→172ページ）。

東京大学史料編纂所所蔵模写

③ 武士と町人の住むところは別！

江戸城のまわりには、武士が住む「武家地」が広がっていました。町は武士と町人（商人・職人など）の住むところが分けられていて、江戸城のまわりには、武士が住む「武家地」が広がっていました。武家地は江戸の町の60％以上を占め、残りの土地に、町人が住む「町人地」や、お寺などの「寺社地」がありました。

町人地は江戸の町の60％以上を占め、残りの土地に、町人が住む「町人地」や、お寺などの「寺社地」がありました。日本橋付近には大きな商店が並んでいました。

江戸時代の初めに描かれた江戸の地図で見てみよう！

「武州豊嶋郡江戸庄図」国立国会図書館蔵

*右ページの地図に方角を合わせて、図を回転している

町人地
日本橋をはさんで南北のあたりは、町人地が広がっていた。

北

日本橋

江戸城
半蔵門
外桜田門
虎ノ門
溜池

西

東

京橋

武家地
右ページの地図で大名小路と書かれている場所。大名屋敷が立ち並んでいた。

寺社地
溜池の東側など、少し遠い場所に寺社地があった。

南

江戸城の天守は1657（明暦3）年の「明暦の大火」で燃えてしまいその後は建てられなかったのです

23

2章
江戸時代にタイムワープ!?

＊八百八町＝江戸に町がたくさんあることを表した言葉

TIME WARP memo
歴史なるほどメモ②

身分で違った暮らしぶり

① 大名は豪華な暮らし！

江戸時代は、武士がいちばん偉く、町人たちを支配していました。武士には、大名から下級の武士までいますが、大名の暮らしぶりは豪華なものでした。

御成門
将軍を迎える時に使った特別な門。かざりがとても豪華だ

越前福井藩（福井県）松平家の屋敷（復元模型）
江戸にあった越前福井藩主・松平家の豪華な大名屋敷。江戸時代のはじめに建てられた

② 大商人も負けてはいない！

江戸時代、交通の発達により、貨幣や商品が全国に流通し、商業が大きく発展しました。商売が大成功して、とてつもない財産を築く大商人もあらわれました。江戸の呉服店「三井越後屋」などが有名です。

三井越後屋の中の様子
三井越後屋は布を1反（約11m）単位だけでなく、客の必要な分だけカットして売ったので、人々の評判を呼んだ

三井越後屋（復元模型）
三井越後屋は伊勢国松坂（三重県）出身の三井高利が開いた呉服店。これが発展して、今のデパート「三越」になった

42

③ 質素な暮らしの町人たち！

江戸の町人は、商店が並んだ大通りの裏に建つ長屋に住んでいました。長屋の多くは1階建ての木造アパートのようなもので、ひとつの部屋は、板敷きと台所だけの狭い住まいでした。そこに家族4人ほどで暮らすこともありました。ただし、食事は外食やできあいのものを食べることも多く、井戸、ゴミ捨て場、トイレなどは共同だったので、部屋は寝られればよく、狭くても問題はなかったようです。長屋の住人は、おたがいに家族のように助け合って、暮らしていました。

長屋の一室（復元年代 江戸後期 縮尺 1/1）
わずか6畳ほどのスペース。月ぎめの家賃は安く、2、3日まじめに働いて稼げるぐらいのお金で借りられた

芥溜（ゴミ捨て場）
長屋
雪隠（共同トイレ）
井戸
長屋の共同部分

写真：すべて
江戸東京博物館蔵
Image：東京都歴史文化財団イメージアーカイブ

江戸東京博物館は江戸時代の様子がよくわかるよ

●江戸東京博物館
TEL：03-3626-9974（代表）
休館日：毎週月曜日（月曜が祝日または振替休日の場合はその翌日）、年末年始
開館時間：9：30〜17：30
（土曜日は9：30〜19：30）

3章 江戸の町で大捜索！

はい！ものすごく

たしかかい？

ふーん……これなんかかっこいいね

おっ嬢ちゃんお目が高いね

それは人気の歌舞伎役者を描いた役者絵さ

こうした多色刷りの浮世絵は江戸中で流行してる

役者絵のほか美人絵も江戸の男には人気だぜ

美人絵？見たい！

どうだい

ぴらっ

えどはなね…！

美人だなあ

いい女ですな

えっ？マジで？

トキオ？どうしたの？

うーん

北斎さんの絵がないな〜と思って

TIME WARP memo
歴史なるほどメモ③

江戸の町のトップは〝町奉行〟

① 町人地を管理する町奉行

江戸幕府は各地を治めるために奉行を置きました。

なかでも「寺社奉行」「勘定奉行」「町奉行」の3つは、「三奉行」と呼ばれ、とても重要な役職でした。この「三奉行」のうち、江戸の町人地を管理するのが町奉行（江戸町奉行）で、江戸の町のトップとして、さまざまな仕事を行っていました。

三奉行の組織図

```
将軍
 │
老中
 ├── 寺社奉行 ── 全国の寺社を管理（将軍の直属）
 ├── 勘定奉行 ── 幕府の財政と直轄地を管理
 └── 町奉行 ── 江戸の町人地を管理
```

大坂や京都などにも町奉行が置かれたが、単に「町奉行」といえば江戸町奉行を指す

② 北町奉行と南町奉行で代わりばんこ

町奉行は、北町奉行と南町奉行のふたりがいて、月ごとに交代で任務につきました。また町奉行は、与力や同心といった部下たちを使い、任務にあたらせました。

オレは与力
けっこう
エラインだぜ

町奉行の配下たち

```
町奉行
 │
与力
 │
同心
 ├── 小物
 └── 岡っ引
```

北町奉行・南町奉行は奉行所の場所からの呼び名だ江戸の町を南北に区切って担当していたわけではない

岡っ引は奉行の正式な部下ではなく、同心が個人的に使っていた元犯罪者なども多く犯罪者にしかわからない情報などを彼らから得ていたのだ

58

③ 町奉行は"東京都知事"!?

町奉行の仕事は、江戸の町の行政、警察、裁判、消防、災害救助など、じつにたくさん。現在でいえば東京都知事だけでなく、そのほかに警視庁、消防庁、裁判所などのトップもかねていました。

奉行所は大忙しだ！

*町奉行が逮捕できるのは基本的に町人のみ

- 「捕り物」犯罪捜査と犯人の逮捕*
- 「災害救助」人命救助や道路工事なども
- 「見回り」とくに放火に注意
- 「刑の執行」死罪、遠島（島流し）、過料（罰金）などを決める
- 「お触れ」法律などを町人に知らせる
- 「牢の管理」牢は現在の留置場のようなもの
- 「裁き」裁判を行う
- 「火消の指揮」急いで火事の現場へ

猫の手も借りたい！

江戸時代のキーパーソン ③
桜吹雪（？）の町奉行
遠山景元（金四郎）

★生没年 1793～1855年

時代劇では、肩や背中に桜吹雪の彫り物を入れた姿で登場するが、実際の話かどうかはわからない。幕府が芝居小屋の廃止を命じた際、移転にとどめて庶民の人気者になった。

遠山景元を題材にした役者絵「遠山桜天保日記（部分）」から
東京都立中央図書館特別文庫室蔵

江戸時代のキーパーソン ②
徳川吉宗と二人三脚
大岡忠相（越前）

★生没年 1677～1752年

8代将軍・徳川吉宗によって町奉行に取り立てられた。庶民のための無料病院「小石川養生所」や、町人の消防組織「町火消」の設置など、吉宗の改革を支えた（→156ページ）。

大岡忠相を題材にした役者絵「扇音同大岡政談（部分）」から
東京都立中央図書館特別文庫室蔵

4章
科学も芸術も源内にお任せ！

なんだ……こりゃ……？

これが乗り物？

神輿みたいに担ぐのかもしれん

これがタイムマシンです

乗り物なの

＊1 本草学＝植物や動物、鉱物など、さまざまな自然物を研究する学問　＊2 蘭学＝オランダを通じて伝わった西洋の学問

＊3 人形浄瑠璃＝人形を使った芝居　＊4 土用の丑の日＝この日にうなぎを食べることが、今でも習慣として残っている

*半刻＝江戸時代の時間の数え方で1時間ほど。季節によるが、一刻が約2時間

TIME WARP memo
歴史なるほどメモ④

江戸時代に花開いた町人文化

① 上方の町人パワー!!

江戸時代は、政治が安定し、経済が発展したことから、江戸・大坂・京都の三都など、都市が大きく成長しました。そして、元禄（1688〜1704年）の頃には、上方（大坂・京都など）の町人たちを中心に"元禄文化"が花開きました。

人形浄瑠璃・歌舞伎

近松門左衛門作「国性爺合戦」
協力：人形浄瑠璃文楽座
写真：国立文楽劇場

人形を使った劇の人形浄瑠璃と、成人男性による芝居の歌舞伎（→157ページ）が大人気に

江戸時代のキーパーソン 4
上方のカリスマライター
近松門左衛門

★生没年 1653〜1724年

人形浄瑠璃や歌舞伎の脚本でヒット作を連発。当時は脚本作家の地位が低く、脚本に作家名は記されなかった。しかし近松は自分の名を記して、作家の地位を高めた。

東京大学史料編纂所蔵模写

浮世絵

菱川師宣画
「見返り美人図」
元禄の頃の浮世絵の代表作（→136ページ）

Image：TNM Image Archives
東京国立博物館蔵

② 文化の中心は上方から江戸へ！

江戸は大きく発展を続けました。文化・文政（1804〜1830年）の頃には、文化の中心も上方から江戸の町人に移りました。この時期の文化を〝化政文化〟といいます。また、地方に文化が広まったのも、この時期です。

小説

十返舎一九作
『東海道中膝栗毛』
主人公の弥次郎兵衛と喜多八が、失敗を繰り返しながら旅をする物語
国立国会図書館蔵

江戸時代は旅が大流行！この本を読んで旅に出た人もたくさんいたぜ

江戸時代のキーパーソン ⑤
江戸時代を代表する大衆作家
十返舎一九

★生没年 1765〜1831年

『東海道中膝栗毛』は大人気となり、20年にわたって続編を書き続けた。ほかにもあらゆるジャンルの作品を書き、作品の多さでは江戸時代でもトップクラスだ。

早稲田大学図書館蔵

相撲

相撲は江戸時代に、寺社の建築などのお金を集めるための「勧進相撲」として発展した。天明・寛政（1781〜1801年）の頃には、谷風、小野川、雷電などの強豪力士が人気だった

勝川春章画「江都勧進大相撲浮絵之図」
相撲博物館蔵

75

5章 ゴエモンを追え!!

お、げんないさん

すまねぇ 待たせたな!

これだ!

こいつがエレキテルさ!

TIME WARP memo
歴史なるほどメモ⑤

西洋から学べ！蘭学の発展

① 西洋の学問はオランダから

江戸時代、ヨーロッパ（西洋）の学問を蘭学（洋学）といいました。蘭とはオランダのことです。江戸時代はキリスト教が禁止され、外国との交流は制限されました。

しかし、オランダはキリスト教を広めないと約束したので、長崎の出島でのみ、交流が認められました。西洋文化はオランダから入ってきたのです。

江戸のオランダ「長崎屋」
出島のオランダ商館長は、年に1度、江戸に出て「長崎屋」で過ごした。この時、たくさんの知識人がここに通った

葛飾北斎画「画本東都遊」
国立国会図書館蔵

② 蘭学を盛んにした徳川吉宗

8代将軍の徳川吉宗は、キリスト教に関係ない西洋の書物にかぎり、輸入を認めました。これにより西洋の学問を採り入れようとする人たちが増え、蘭学がたいへん盛んになりました。

③ 杉田玄白と『解体新書』

杉田玄白は、西洋の人体解剖書『ターヘル・アナトミア』を見て、東洋の医学とはまったく違うことに衝撃を受けました。そして、仲間とオランダ語で書かれたその本の翻訳に挑みます。まず、アルファベットを覚えるところからはじめなくてはなりませんでした。

そして4年の歳月をかけ、たいへんな苦労のすえに翻訳は完成し、1774（安永3）年、仲間と『解体新書』を出版しました。

江戸時代のキーパーソン ⑥

江戸のカリスマ蘭方医
杉田玄白

★生没年 1733〜1817年
西洋医学を学んだ医者の蘭方医。玄白たちが『解体新書』を出版すると、急激に西洋の知識が広まった。玄白はカリスマ蘭方医として、世間にもてはやされた。

東京大学史料編纂所所蔵模写

④ 平賀源内とエレキテル

平賀源内はさまざまな分野で才能を発揮した人物で、杉田玄白とは大親友でした。人形浄瑠璃の台本を書き、源内焼という陶磁器を故郷の陶工につくらせ、燃えない布・火浣布を発明。また、全国から薬の材料となる植物や動物を集めて「薬品会」（物産会）を開くなどして活躍しました。特に有名なのが、1776（安永5）年、エレキテルの復元に成功し、見世物としても大人気となったこととです。これで江戸の大スターになりました。

江戸時代のキーパーソン 7
江戸のマルチクリエーター
平賀源内

★生没年 1728～1780年

讃岐国（香川県）の下級武士の出身。長崎で西洋文化に出会い、江戸に出て活躍した。しかし晩年、自宅で誤って人を殺してしまい、獄中で病死した。

東京大学史料編纂所所蔵模写

源内が復元したエレキテル
源内は復元に成功しただけでなく、自分でも15台のエレキテルを製作した

郵政博物館蔵

『解体新書』
『解体新書』の図版は、平賀源内の弟子で洋画を学んだ小田野直武が描いた

国立国会図書館蔵

肺と心臓だ……とてもくわしく描かれているね

6章
売れっ子絵師!?
葛飾北斎

到着〜

とりあえず50年ほど飛んでみたが

町の感じはさっきとあんまり変わってね〜な

TIME WARP memo
歴史なるほどメモ⑥

江戸の時間とちょんまげのひみつ

① 現代とは違う江戸時代の時間

現代のわたしたちが使っている時間は、1日が24時間、1時間が60分、1分は60秒と決まっています。け

れども、江戸時代の時間は、季節によって違っていました。人々は日が昇ると動きだし、日が沈んだら休むというように、自然に合わせて暮らしていました。

江戸時代の時間のひみつ！

夏の時間

冬の時間

江戸時代の時間は、日の出と日の入りを基準に、昼と夜をそれぞれ6等分したものです。6等分したひとつを一刻（二時とも）といいますが、夏と冬では一刻の長さがずいぶんと変わります。

一刻は「子、丑、寅、卯、辰……」と、干支を使って表す方法と、「九つ、八つ、七つ、六つ、五つ、四つ」と、数を使って表す方法とがありました。

> 昼の12時なら「午の刻」や「昼九つ」というふうに言うよ

> 昼も夜も九つから減っていくのは「9」が縁起のいい数とされていたからさ

② ちょんまげは大人のあかし

江戸時代の男性の髪形といえば、ちょんまげ。本来、ちょんまげとは「小さいまげ」のことをいいます。江戸時代の男子は15、16歳になると前髪をそり落として、まげを結いました。これが大人のあかしです。まげの形で自分の個性を出しました。

子どもの髪形のひみつ！

男子
てっぺんをそり、後ろ髪をのばして結う

女子
前髪をのばして、立てて結う。耳の上の髪と後ろ髪をのばす

子どもは成長に合わせて髪形を変えていました。これは7、8歳頃の髪形です。

いろんなちょんまげがあるね！

いろいろなちょんまげ

男まげ
代表的な男性のまげ。2つ折りの形

朗君風
まげが太い。大名の息子がよくしていた

茶筅まげ
まげを立たせる。茶道具の茶筅に似ていることからの呼び名

三つ折り返し
小さいまげ。いわゆるちょんまげ

辰松風
まげの先をとがらせる。辰松八郎兵衛という人がはじめたという

バチびん
耳の上の髪が三味線のバチのような形

大銀杏
毛先を大きく広げる。今のお相撲さんの髪形の原形

糸びん
耳の上の髪を細く残している

TIME WARP memo
歴史なるほどメモ⑦

花のお江戸は大にぎわい！

江戸の町は楽しさいっぱい！

江戸の大通りは、大小さまざまな店が立ち並び、たいへんなにぎわいでした。町人たちは芝居や見世物小屋見物で楽しみ、お風呂や居酒屋で語り合いました。また、月見や花火などの楽しい行事もありました。浮世絵から当時の江戸のにぎわいを見てみましょう。

← 多くの店が立ち並ぶ大通り

- 薬屋
- 傘と雪駄屋
- 菓子屋の屋台
- みそ売り

> 江戸は人がひしひしと多いからたくさんの商売や職業があって仕事に困ることはないぞ

← 屋台がたくさん。月見の行事

- てんぷら
- そば
- 焼きイカ
- すし

歌川広重画「東都名所高輪廿六夜待遊興之図」江戸東京博物館蔵
Image：東京都歴史文化財団イメージアーカイブ

120

「熙代勝覧」から　ベルリン・国立アジア美術館蔵
Photo AMF/DNPartcom/©bpk/Museum für Asiatische Kunst,SMB/Jürgen Liepe

紙屋　乾物屋　みそ屋　菓子屋　小道具屋
八百屋　かご屋　古紙買い　桶の修理屋

江戸の人は屋台で外食することが多いんだって！

← 屋形船や橋から見物・花火大会

花火の時のかけ声「たまや」「かぎや」は、江戸時代の花火師の屋号（ブランド）だ

かーぎーやー　たーまーやー

歌川広重画「名所江戸百景　両国花火」国立国会図書館蔵

しるこ　だんご

8章
自分の力でお金をかせげ！

せともの屋さん

かさ屋さん

服屋さん

古着屋さんじゃな

庶民は新しい服なんかなかなか買えんから古着を買うんじゃ

それでどこに行くの？

ああ阿栄が言うには……

江戸で人気なのはまずは美人絵でしてな

鼻筋がすーっと通っていてほおはふっくら目は細め……

はい！

こんなぐあいですな

なるほど！

TIME WARP memo
歴史なるほどメモ⑧

世界に影響を与えた日本の浮世絵

① 浮世絵とは「現代風の絵」のこと

浮世＝この世、現代という意味で、浮世絵は当時の人々や生活などを描いた「現代風の絵」のこと。主に木版画でたくさん印刷されて、多くの人たちを楽しませました。

江戸時代を代表する浮世絵師のひとりに葛飾北斎がいます。北斎の才能は浮世絵だけにとどまらず、本の挿絵などでもヒットを連発しました。現在、海外でも高い評価を受けている北斎は、世界でもっとも名前を知られる日本の画家といっていいでしょう。

② ヨーロッパの画家もまねをした？

北斎に代表される浮世絵がヨーロッパに紹介されると大ブームになり、「ジャポニスム」という芸術運動が広がりました。「ひまわり」で有名なゴッホなどの画家が、浮世絵から大きな影響を受けました。

江戸時代のキーパーソン⑧

浮世絵の巨匠
葛飾北斎

★生没年 1760～1849年

富士山の四季の風景を描いた、北斎の代表作「富嶽三十六景」は、70代の頃の作品。江戸時代を代表する浮世絵師で、一生（90歳まで）絵を描き続けた。

『戯作者考補遺』（写し）から　慶應義塾図書館蔵

もの知りコラム

謎の絵師 東洲斎写楽とは？

東洲斎写楽の浮世絵
「三代目瀬川菊之丞の田辺文蔵妻おしづ」
山口県立萩美術館・浦上記念館蔵

東洲斎写楽は、一気に28枚にもおよぶ豪華な役者絵を出してデビューしました。そしてわずか10ヵ月の間に計140点以上もの作品を発表し、突然姿を消してしまいました。阿波国（徳島県）の斎藤十郎兵衛という人物だとする説が有力ですが、正体は謎に包まれています。

136

「浮世絵1枚はかけそば1杯と同じぐらいの値段だったって」

「今でいうポスターみたいなものなんだね」

浮世絵はこうしてつくる

浮世絵は、まず版元（出版社）がどんなものにするか企画を立て、絵を描く絵師、絵を版木に彫る彫師、色を刷る摺師との共同作業でつくられます。版元、絵師、彫師、摺師のチームワークが大切でした。

絵師の色指定をもとに、彫師が色別の版木をつくる

色別の版木に染料を塗って、摺師がどんどん色を重ねて刷っていく

みんなで確認して細かな点を調整する

完成！

絵師が下絵を描く

下絵をもとに彫師が版木に彫る

彫師が墨1色で何枚か刷る

刷られたものに、絵師が色をつけていく（1色につき1枚）

刷り上がりましたな 師匠の浮世絵が!

はは……照れくさいな

照れてる場合じゃないよ

ここからが勝負よ!

はい!

TIME WARP memo
歴史なるほどメモ⑨

江戸の名物!? 火事と歌舞伎

① 火事が多かった江戸！

木でつくられた家が多い江戸の町では、気がはやい江戸っ子の気質と合わせて、火事がよく起こりました。「火事とケンカは江戸の華」という言葉があります。

江戸の町で火消が働いている様子（復元模型）
火が出た家のまわりの建物をこわして、火が燃え広がらないようにするのが、火消のおもな仕事

消防博物館蔵

水で完全に消火するのが難しいから家をこわすのさ

江戸の火事への対策として、8代将軍・徳川吉宗と、町奉行の大岡忠相は、町人たちによる消防組織・町火消をつくりました。

町火消の配置

いろは四十八組
- 一番組
- 二番組
- 三番組
- 五番組
- 六番組
- 八番組
- 九番組
- 十番組

本所・深川十六組
- 北組
- 中組
- 南組

大岡忠相は1718（享保3）年に、町人による消防組織を設置した。その2年後、隅田川から西の町を47組（後に48組）、東の町を16組として、江戸の町火消が成立した

火消人足の服装
火消は江戸の人々のあこがれの的だった

消防博物館蔵

156

② 江戸の町人の楽しみ、歌舞伎

歌舞伎は、江戸時代のはじめに生まれたかぶき踊りをルーツにもつ芝居です。江戸歌舞伎の代表的な芝居小屋が中村座です。江戸の町人は、おしゃれをして出かけ、歌舞伎を見ながら、お弁当を食べたりお酒を飲んだり、一日楽しく過ごしました。

中村座（復元模型）
歌舞伎役者の名前の看板やちょうちんなどが、にぎやかに飾られていた

江戸東京博物館蔵

芝居小屋の中をのぞいてみよう

① ……【桟敷】料金の高い席。
　　　　　　1階席と2階席がある。
② ……【花道】役者が通る道。
　　　　　　舞台とつながっている。
③ ……【平土間】一般の席。
　　　　　　　板で区切られている。
④ ……【舞台】役者が演じる場所。

市川團十郎など歌舞伎の有名な役者名は現代まで受け継がれています

江戸時代後期の芝居小屋の様子

歌川国貞画「踊形容江戸絵栄」江戸東京博物館蔵
Image：東京都歴史文化財団イメージアーカイブ

10章 江戸の火事を消火せよ!!

江戸の3大改革って？

TIME WARP memo
歴史なるほどメモ⑩

① 徳川吉宗の「享保の改革」

1716（享保1）〜1745（延享2）年

18世紀のはじめ頃、幕府の財政が厳しくなり、けらいの武士たちに支払う給料（米）すら不足するようになりました。そこで、8代将軍になった徳川吉宗は、幕府の財政を立て直すための改革を行いました。

吉宗の改革を「享保の改革」といい、その後に行われた「寛政の改革」「天保の改革」の3つを合わせて、江戸の3大改革といいます。

8代将軍・徳川吉宗

わたしの改革は成功したぞ！

吉宗の行った享保の改革が後のお手本になっていったんです

東京大学史料編纂所所蔵模写

改革の基本

1、節約して支出（出るお金）を減らす。
2、増税や新田開発などで産業を発展させて、収入（入るお金）を増やす。
3、新たな法律や政策によって、政治を安定させる。

② 松平定信の「寛政の改革」

1787（天明7）〜1793（寛政5）年

18世紀のなかば頃、幕府の財政は再び悪化しました。そこで、＊老中の松平定信は、農村の立て直しに力を入れ、人々に節約を求めました。また、政治批判を禁じるなどして、幕府の権威を高めました。

松平の寛政の改革はひとまず成功したといえますが、人々からは厳しい改革への反感も買いました。

＊老中＝将軍直属の、幕府で最高の職。

江戸時代のキーパーソン 9

吉宗の政治を理想に

松平定信

★生没年 1759〜1829年

8代将軍・徳川吉宗の孫で、吉宗の政治を理想とした。11代将軍・徳川家斉の時代に、幕府の老中を務めて「寛政の改革」を行ったが、家斉と対立し、約6年で辞任した。

東京大学史料編纂所所蔵模写

③水野忠邦の「天保の改革」

1841（天保12）〜1843（天保14）年

老中の水野忠邦は、幕府の力を再び強くしようと、天保の改革に取り組みます。

19世紀に入ると幕府の力はおとろえます。野忠邦は、幕府の力を再び強くしようと、革に取り組みます。

ぜいたくを禁止し、商人の力を抑え、あらゆる方面の人々から反対を受け、わずか2年で失敗に終わりました。この後、幕府の力はおとろえていくばかりになります。

江戸時代のキーパーソン 10
改革に挑むがうまくいかず
水野忠邦

★生没年 1794〜1851年
12代将軍・徳川家慶の時代、幕府の老中を務めた。「天保の改革」は、幕府の内部からも反対が出るなどしてうまくいかなかった。

首都大学東京図書情報センター蔵

> 天保の改革は人々に厳しすぎたんじゃよ

江戸時代のキーパーソン 11
人々のために反乱を起こした
大塩平八郎

★生没年 1793〜1837年
役人をやめた後も、自宅で塾を開いて弟子の教育にあたっていた。1837（天保8）年、弟子たちとともに反乱を起こしたが失敗に終わり、自ら命を絶った。

菊池容斎画　大阪城天守閣蔵

＊飢饉＝災害や悪天候などによって農作物がとれず、人々が飢えに苦しむこと

もの知りコラム
大塩の乱

幕府の元役人が幕府に反乱！

大塩平八郎は大坂町奉行所の元役人。天保の飢饉で米不足に苦しむ大坂の人々のために、奉行所に助けを求めました。しかし、聞き入れられず、商人たちが米を買い占めているのを知ると、人々のために反乱を起こしました。反乱はその日のうちに鎮圧されましたが、大塩の乱は幕府を大いにあわてさせました。

教えて!! 河合先生

ぼくといっしょに、タイムワープの冒険を振り返ろう。マンガの裏話や、時代にまつわるおもしろ話も紹介するよ!

歴史研究家：河合 敦先生

江戸の町おまけ話

① 江戸の町 ヒトコマ博物館

おお！

「名所江戸百景 中川口」歌川広重
国立国会図書館HPから

江戸の町を流れる小名木川と中川の合流地点の様子。左下に描かれているのが、中川番所の木戸。番所の前では、江戸に入る船と出る船がすれ違おうとしている

174

教えて!! 河合先生 — 江戸の町おまけ話

江戸の町は人と物でいっぱい

河合先生：こんにちは、リン、トキオ。江戸の町は楽しかったかい？

リン：人やお店がいっぱいで、楽しい所だったわ！

トキオ：ボクは、葛飾北斎さんと一緒に絵を描けたことが嬉しかったな。

河合先生：江戸には川や水路があっただろう？

江戸の町には川や水路がたくさんあったんだよ

トキオ：そういえば、大きな川と、そこにつながる水路がいくつもあった！

河合先生：江戸の町には、人だけじゃなくて、各地からたくさんの物も集まっていたんだけど、それらを運び込むために利用されていたのが、この川や水路なんだ。

江戸の町を豊かにした河川と船の文化

河合先生：江戸の町を流れる川は、すべて江戸湾（東京湾）につながっているんだ。海から届いた物資を町中に運び込むのに、川や水路は便利だったんだね。右の絵は、その様子を描いたものだよ。

トキオ：きれいな絵だね。

河合先生：歌川広重という、江戸時代に活躍した有名な絵師が、江戸の名所の1つとして描いたものだよ。後でほかの絵も見てごらん（→180ページ）。

リン：それにしても広い川ね。

トキオ：ここはどんな名所なの？

河合先生：中川口という場所の絵で、中

おいしい食べ物もたくさん

江戸は将軍様のおひざ元だからね全国からいろんな物が集まってくるの

川番所の前を行き交う船の様子が描かれているんだ。

トキオ：番所って？

河合先生：番所は、江戸に出入りする船が運んできた人や物をチェックする、幕府の見張り所だよ。江戸に物を運ぶには、江戸湾の外から入ってくるルートと、内陸を流れる川を利用するルートがあったんだ。番所は、それぞれのルートに設けられていたんだよ。

リン：番所って、名所として描かれるくらい、大事な場所だったのね。

2 江戸の町ビックリ報告

エレキテルの発電の秘密に迫る

エレキテルの"バチッ"の正体！

天才のオレでもしくみを調べて復元するのに6年かかったぜ

エレキテルは、17、18世紀にヨーロッパで流行した、人工的に静電気を起こす静電気発生装置です。

平賀源内は、1770（明和7）年、長崎を遊学中に壊れたエレキテルと出合い、江戸に持ち帰って復元に取り組みました。

静電気とは、物と物がこすれ合う（摩擦）時などに発生する電気現象の1つです。

すべての物質は、プラス（+）とマイナス（-）の電気を帯びています。2つの電気は、通常は物質内に同じ量あって、バランスの取れた状態を保っています。けれども、物質同士がこすれ合うなどすると、バランスが崩れて、それぞれ+と-の電気に偏って集まると考えられています。

この偏った状態で、ほかの物質に触れると、触れた部分で+と-の電気が反応し、静電気が"バチッ"と発光して放電されるのです。

▲毛糸のセーターには、通常は+と-の電気がバランスよく保たれています。でも、木綿のシャツと重ね着すると、毛糸と木綿の摩擦によって、毛糸には+の電気が、木綿のシャツを着た人間には-の電気が偏って集まります。この時、-の電気を帯びた人間が+の電気が集まった物質（ドアノブ）に触れると、静電気が発光し、放電されます。

オレが説明しよう

176

教えて!! 河合先生　江戸の町おまけ話

エレキテルはこんなしくみだ！

左の図は、源内が復元したエレキテルの内部を、横から見た図です。彼のエレキテルは、こんなしくみで静電気を起こしていました。

金糸／銅線／集電用の鎖と櫛／木車／ハンドル／蓄電瓶／ベルト／回転瓶／枕

▲エレキテルの内部を横から見た図

① ハンドルを回して木車を回転させ、木車と回転瓶をつなぐベルトを動かして回転瓶を回転させます。

② 回転瓶と接する枕との間に摩擦が生まれ、静電気の＋の電気が、集電用の鎖と櫛を伝わって蓄電瓶に貯蔵されます。一方、－の電気は、枕を支える鉄板を伝って、木箱から地面へと逃がされます。

③ 地面に接して－の電気を帯びた人間が、＋の電気が集まる銅線（またはそこにつながれた金糸）に触れると、人間を伝う－の電気と＋の電気が反応し、静電気が発光して一気に放電されます。

エレキテルで大スターになった源内

エレキテルは、18世紀半ばに医療器具として日本に伝えられました。

長崎でエレキテルを手に入れ、江戸に持ち帰った源内は、難解な機械のしくみと格闘します。76（安永5）年、源内はついにエレキテルの復元に成功し、日本で初めて人工的に静電気を起こすという、歴史に残る偉業を達成しました。

エレキテルは、医療器具のほか、静電気を見ることができる見世物としても大人気となりました。このおかげで、源内は一躍江戸の大スターになりました。

源内は、亡くなるまでに、復元品以外に15台のエレキテルを製作しています。でも、エレキテルを復元した当時の源内は、電気の性質を正確に理解できてはいなかったようです。彼がエレキテルを復元できたのは、たまたま〝カン〟で成功しただけなのではないかと考えられています。

オレって天才！

③ 江戸の町 ニンゲンファイル

世界の芸術家を魅了した天才絵師 葛飾北斎

葛飾北斎は、風景や人物など、いろいろなテーマを手がけた絵師です。19歳で本格的に絵師を目指すと、さまざまな師の教えを受けながら腕を磨き、「富嶽三十六景」などのすばらしい作品を残しました。

北斎の絵は、当時のヨーロッパでも紹介され、画家のゴッホやドガなど多くの芸術家に影響を与えました。1998（平成10）年には、アメリカの有名な雑誌「ライフ」の〈この千年で最も偉大な業績を残した100人〉に、日本人で唯一選ばれています。

欧米でも大評判

> 富士は日本人の心だよ

▼「冨嶽三十六景 従千住花街眺望ノ不二」葛飾北斎
国立国会図書館HPから

葛飾北斎（1760～1849年）
江戸時代を代表する絵師。本名は不明。30以上の画号（ペンネーム）を持つ。葛飾北斎もその1つ。片付けができない性格だったそうで、家の中にゴミを放置し、その結果、生活に困ると転居を繰り返し、生涯で93回も引っ越しをしている。

教えて!! 河合先生 — 江戸の町おまけ話

いい風景だねぇ

歌川広重（1797～1858年）
本名は安藤重右衛門。大胆な構図と色鮮やかな風景画で大ブレークした、江戸時代の人気浮世絵師。彼の絵に魅了されたオランダの画家・ゴッホは、代表作のひとつ「タンギー爺さん」の背景に、広重の「五十三次名所図会 四十五 石薬師」を描き込んでいる。

▼「東海道五拾三次 蒲原・夜之雪」歌川広重

国立国会図書館HPから

ボクもいい絵が描けるよう頑張るぞ

日本が誇る風景画の第一人者
歌川広重

風景画で一躍人気絵師に

歌川広重は、江戸の常火消（幕府の消防隊）だった父の後を継いだあと、15歳で人気絵師に弟子入りし、常火消をしながら絵を描いていました。
当初は、主に美人絵や役者絵などの浮世絵を描いていましたが、あまり評価されませんでした。そんな時、広重は北斎の描いた風景画「富嶽三十六景」に出合って衝撃を受け、風景画シリーズ「東海道五十三次」を制作。この作品の大ヒットによって風景画家の第一人者として、その地位を確立しました。

④ 江戸の町 ウンチクこぼれ話

【くだらないもの】

江戸の町には、京や大坂などの上方からさまざまな物が運び込まれ、これらは「下り物」と呼ばれていました。

江戸に運ばれる下り物は、上等な品ばかりで、傷物や粗悪品は運ばれませんでした。

このことから、価値のないもののことを「くだらない」というようになったという説があります。

江戸時代は京に皇居があったから敬意を表しこの地域を「上方」って呼ぶようになったんだ

【江戸の魚市場は徳川家康のためにつくられた?】

江戸の町で一番大きな魚市場は、日本橋のたもとにありました。徳川家康は、関東に移ってきた時、毎日新鮮な魚介類が食べられるよう、親しい漁師30人を一緒に移住させました。やがて漁師の子孫は、将軍に提供する魚の余りを日本橋で売るようになりました。これが、日本橋魚市場の始まりだったそうです。

日本橋にあった魚市場は、昭和の初め頃まで活用され、1935（昭和10）年に築地に移されました。

【天下の台所】

江戸時代、各藩から税金として納められていた大量の米は、一度大坂に集められ、大坂の米市場で米問屋などに購入された後、全国各地に送られていました。このことから、大坂が「天下の台所」といわれるようになりました。

▲「東都名所　日本橋真景并ニ魚市全図」（部分）一立斎（歌川）広重
江戸時代の日本橋魚市場の様子が描かれている
国立国会図書館HPから

180

教えて!! 河合先生 — 江戸の町おまけ話

【盗まれかけた日本地図 シーボルト事件】

1826（文政9）年、長崎県の出島にいたドイツ人医師のシーボルトは、江戸城内にある幕府の書庫に入ることに成功します。そして、書庫の管理者に頼んで、日本地図「大日本沿海輿地全図」をはじめ、国外への持ち出しが禁じられていたいくつかの品々の写しを入手することに成功します。

じつはシーボルトは、オランダ政府に雇われたスパイだったのです。

シーボルトの帰国直前、このことに気づいた幕府は地図を奪い返し、国外への持ち出しを未然に防ぎました。この時、書庫の管理者は投獄され、シーボルトは国外追放となりました。

ひと儲けできそうなお宝だな！

▲「カナ書き伊能特別小図」
シーボルトが国外へ持ち出そうとした3枚の地図。当時の＊蝦夷地（右上）、東日本（右下）、西日本（左下）が描かれている
＊蝦夷地＝現在の北海道など
国立国会図書館HPから

【指切りげんまんの続き】

江戸時代にも「指切りげんまん」があったのね！

友達と約束をする時、小指と小指を絡ませて「指切りげんまん、ウソついたら針千本飲～ます！」と唱える風習がありますね。江戸時代には、この後に「死んだらごめん（死んだら守れません。ごめんなさい）」という言葉を付け加えていたそうです。江戸っ子たちは、「死なない限りこの約束を守ります」と、決死の覚悟で指切りげんまんをしていたようです。

江戸の町の話はこれでおしまい！別の時代で、また会おうね！

江戸時代 年表

江戸時代

1603年	1614年	1615年	1637年	1657年	1689年	1709年	1716年	1774年	1776年	

1603年
徳川家康が征夷大将軍になり、江戸に幕府を開く

1614年
出雲阿国が北野天満宮（京都府）でかぶき踊り（歌舞伎のルーツ）を踊って大評判となる

1615年
大坂冬の陣（家康が大坂城の豊臣氏を攻める）

1637年
大坂夏の陣（家康が豊臣氏を滅ぼす）

1657年
島原・天草一揆（島原の乱）が起きる（～1638年）

1689年
明暦の大火（江戸時代最大の火事で、江戸城の天守も焼け落ちる）

1709年
松尾芭蕉が『おくのほそ道』の旅に出る

1716年
新井白石が政治改革（正徳の治）を始める（～1716年）

1774年
8代将軍・徳川吉宗が享保の改革を始める（～1745年）

1776年
杉田玄白が仲間と『解体新書』を出版する

平賀源内がエレキテルの復元に成功する

1867年	1866年	1854年	1853年	1841年	1837年	1833年	1831年	1825年	1798年	1787年
王政復古の大号令（天皇の政治に戻すことが宣言される）	大政奉還（15代将軍・徳川慶喜が朝廷に政権の返上を表明する）薩長連合（同盟）が成立する	日米和親条約が結ばれる	アメリカの使節・ペリーが黒船に乗って日本にやってくる	水野忠邦が天保の改革を始める（～1843年）	幕府の元役人・大塩平八郎が大坂で反乱を起こす（大塩の乱）	天保の飢饉が起きる（～1839年）	この頃、葛飾北斎の「富嶽三十六景」の出版が始まる	歌舞伎の「東海道四谷怪談」が初めて演じられる	本居宣長が『古事記』の注釈書『古事記伝』を完成させる	松平定信が寛政の改革を始める（～1793年）

監修	河合敦
編集デスク	大宮耕一、橋田真琴
編集スタッフ	泉ひろえ、河西久実、庄野勢津子、十枝慶二、中原崇
シナリオ	中原崇
作画協力	黒衣ちゃん、市川智茂
コラムイラスト	相馬哲也、トリル、横山みゆき、イセケヌ
コラム図版	平凡社地図出版、エスプランニング
参考文献	『早わかり日本史』河合敦著 日本実業社／『詳説 日本史研究 改訂版』佐藤信・五味文彦・高埜利彦・鳥海靖編 山川出版社／『21世紀こども百科歴史館』小学館／『Jr日本の歴史⑤ 天下泰平のしくみ』大石学著 小学館／『ニューワイドずかん百科 ビジュアル日本の歴史』学研／『日本人はどのように建築物をつくってきたか4 江戸の町（上）巨大都市の誕生』内藤昌著 イラストレーション穂積和夫 草思社／『決定版 図解 江戸の暮らし事典』河合敦監修 学研パブリッシング／『模型でみる江戸・東京の世界』江戸東京博物館／『北斎クローズアップⅢ 江戸の美人と市井の営み』永田生慈監修・著 東京美術／「別冊太陽 浮世絵図鑑 江戸文化の万華鏡」平凡社／「別冊太陽 写楽」平凡社／「週刊マンガ日本史 改訂版」46、56〜60、64号 朝日新聞出版／「週刊マンガ世界の偉人」57、69号 朝日新聞出版／「週刊なぞとき」2、19号 朝日新聞出版

※本シリーズのマンガは、史実をもとに脚色を加えて構成しています。

江戸の町へタイムワープ

2018年3月30日 第1刷発行
2022年6月20日 第7刷発行

著者	マンガ：大富寺航／ストーリー：チーム・ガリレオ
発行者	片桐圭子
発行所	朝日新聞出版
	〒104-8011
	東京都中央区築地5-3-2
	編集　生活・文化編集部
	電話　03-5540-7015（編集）
	03-5540-7793（販売）
印刷所	株式会社リーブルテック

ISBN978-4-02-331670-6
本書は2016年刊『江戸の町のサバイバル』を増補改訂し、改題したものです

落丁・乱丁の場合は弊社業務部（03-5540-7800）へ
ご連絡ください。送料弊社負担にてお取り替えいたします。

©2018 Wataru Ofuji, Asahi Shimbun Publications Inc.
Published in Japan by Asahi Shimbun Publications Inc.